0~3岁婴幼儿亲子游戏指导

刘金华 王 红 主编

中国中福会出版社

主　编

刘金华　王　红

副主编

汪金容　吴蔚蓝　刘赛凤

参与机构

中国家庭科学育儿指导中心

上海市人口早期发展协会

上海市普陀区早期教育指导中心

序

婴幼儿时期是孩子快速成长的阶段，其中游戏是伴随他们健康发展的重要活动。早在5000年前，我们的祖先已经发明了声响、蜡质、泥塑和节令性的玩具开展亲子游戏，这样的育儿方式从古一直延续至今。

21世纪的科学发展按下了快进键，婴幼儿的照护又是全球关注的一项重要战略，在这样的大背景下，婴幼儿的家庭养育面临着很大的挑战。为此，各种形式的亲子游戏指导便应运而生了。

亲子游戏强调的首先是与婴幼儿欢乐地互动，在轻松和充满亲情的氛围中通过游戏发展儿童的运动、语言、情绪、交往、想象和适应等能力。当下的养育环境将亲子互动游戏提升到了前所未有的高度，其受重视的程度自然不言而喻。

该书主编多年从事婴幼儿领域的指导工作，具有丰富的育儿经验，详细而又生动地阐述了婴幼儿在不同月龄适宜的游戏类型、发展指向和互动建议，特别要指出的是，这些游戏的编排是根据婴幼儿的生长发育特点推送给家庭的，采用图文并茂的形式，既有科学性，又有可操作性，不失为家庭育儿的一本宝典。

金星明

2021年5月

金星明，中华医学会儿科学分会发育行为儿科学组第一任组长、上海浦滨儿童医院院长。

编者按

当今社会，每一对父母都在用爱精心呵护与养育孩子。国务院办公厅在 2019 年颁布了《关于促进 3 岁以下婴幼儿照护服务发展的指导意见》，强调以家庭为主的养育支持，“发展婴幼儿照护服务的重点是为家庭提供科学养育指导”。在家庭养育过程中，父母和其他家庭照料者与婴幼儿共同生活，喂养、照料婴幼儿并陪伴他们玩耍、学习等，为其早期发展提供了最重要的成长环境和条件，从而保障和促进婴幼儿健康成长。其中，亲子游戏是家庭中最常见、最易操作的活动，也是父母开展高质量陪伴的有效形式，不仅能够帮助父母与孩子建立亲密、安全依恋的关系，而且能够促进婴幼儿的身心健康与情绪发展。

但很多年轻父母对于和孩子一起玩游戏这件事情，会有很多困惑：玩具是指在商场里购买的玩具吗？是否能用家庭中、生活中常见的材料，开展既有益宝宝成长、又好玩有趣的游戏呢？怎样定义游戏，和宝宝相处的生活环节是不是也可以称为游戏呢？生活化游戏的开展需要限定时间和场景吗？书本是不是可以算作玩具？如何开展和宝宝的亲子阅读时光？……其实，这些困惑的出现，说明家长已经开始思考什么是科学育儿了。家庭中的亲子游戏，应当融入家庭养育照料过程中，取材于家庭生活环境，由父母作为婴幼儿的保护者、照料者和发展支持者共同开展，成为亲子情感表达与交往的有效方式。

本书依据“医育结合”的理念，以金星明主编的《上海市 0~3 岁婴幼儿家庭科学育儿指导手册 · 生长发育系列》为基础，遵循

0~3 岁婴幼儿生长发育规律和发展要点，划分为 0~6 月龄、7~12 月龄、13~18 月龄、19~24 月龄、25~30 月龄、31~36 月龄 6 个月龄段。每个月龄段包含 1 张宝宝行为发育对照表和 10 个家庭亲子游戏，其中行为发育对照表为家长提供对照参考，帮助家长及时把握宝宝的成长关键期，了解每个月龄段的关键发展经验；家庭亲子游戏，是指适宜不同月龄段婴幼儿发展目标，家长和孩子一起利用家庭环境和材料开展的小游戏，指导家长在生活和游戏中有效陪伴孩子。部分游戏家长可根据图示及文字说明，自制简易操作材料。

我们编写本书的初衷，是希望给予父母与其他家庭照料者们在亲子游戏方面的启发，提供“生活处处可游戏、游戏其实很简单”

的思路，让父母能够拥有一双发现“生活化游戏”的眼睛，让一把勺子、一个快递箱成为游戏的道具，让客厅、沙发与床成为游戏的场所，让共同做家务、一起做运动成为父母和孩子之间最美好的游戏记忆。

最后，衷心祝福您和宝宝玩得开心、玩得尽兴，也能够发掘并创造出更多您和宝宝之间专属的、特别的、快乐的小游戏。让我们共同陪伴与支持宝宝健康、快乐成长。

目录

0~6 月龄

0~6 月龄宝宝开始通过感官认识世界了，逐渐有了许多表情和声音，肢体动作能力也快速发展。在这个月龄段的家庭游戏中，家长可以通过游戏调动宝宝的视觉、触觉、听觉等感觉，让宝宝初步认识身边的事物；多用表情和语言回应宝宝，鼓励宝宝发声，和宝宝建立稳固的亲子依恋关系；同时，家长可以根据宝宝月龄发展特点，帮助宝宝逐步进行抬头、翻身、扶坐、手掌抓握等肢体动作练习。

行为发育对照表

- 会观察人的面孔，目光可以追随物体移动
- 能区别父母的声音
- 对发声的玩具感兴趣
- 俯卧时可以挺胸、抬头
- 能扶坐，用手撑着地面或桌面坐着

- 竖抱时头能竖起，颈部可以自由地转动
- 扶站时小脚可以上下跳动
- 能很自然地从仰卧翻到俯卧，再翻回来
- 可以用手掌抓物体，可以用手摇晃物体
- 会伸手触碰悬挂物体
- 会伸手或身体前倾够想要得到的玩具
- 会把手上抓握的物体或自己的脚放到嘴里
- 能分辨母亲的脸，熟人靠近时会笑，见陌生人时出现害羞或焦虑
- 会因为与熟人分开而哭闹
- 会发出类似“咿”“呀”的单音节声音
- 听到有人呼唤自己的名字会有反应，如会转过头来
- 如被逗引，会发出兴奋的高音或尖叫声

坐起来啦

游戏类型

肢体活动（运动游戏）

发展指向

坐起躺下动作练习，锻炼上、下臂肌肉和头颈、腰背肌肉。

游戏准备

大浴巾 1 条

玩法建议

宝宝仰卧在大浴巾上，家长双手分别握住宝宝手腕，配合游戏儿歌，有节奏地帮助宝宝做坐起、躺下的动作，玩“摇啊摇”的游戏。

游戏儿歌

摇啊摇

摇啊摇，摇啊摇，摇到外婆桥。

外婆叫我好宝宝，一块糖，一块糕。

温馨提示

游戏初期，家长可以用手托住宝宝的头颈及背部，给予一定的支撑，辅助完成躺下的动作。随着宝宝头颈及腰背部肌肉力量的提升，家长可以在拉宝宝坐起时，鼓励宝宝靠自己的力量完成动作。

安全提示

家长拉宝宝坐起的动作一定要轻柔、缓慢，逐步打开宝宝的腕关节、肘关节及肩关节，切勿突然发力，以防宝宝脱臼。

踢气球

游戏类型

肢体活动（运动游戏）

发展指向

发展腿部力量；重复偶然发生的行为。

游戏准备

红色气球 1 个 …………………………………… 

小铃铛 1 个 …………………………………… 

玩法建议

家长把小铃铛放入气球内，吹气扎紧后在气球的尾端悬挂一根短绳，做成一个铃铛气球。让宝宝斜躺在婴儿车里，在宝宝的小脚上方摇晃铃铛气球，鼓励宝宝蹬腿踢。

“看，这是红色的气球，听听，气球还会发出声音呢！我们用脚踢踢看。”

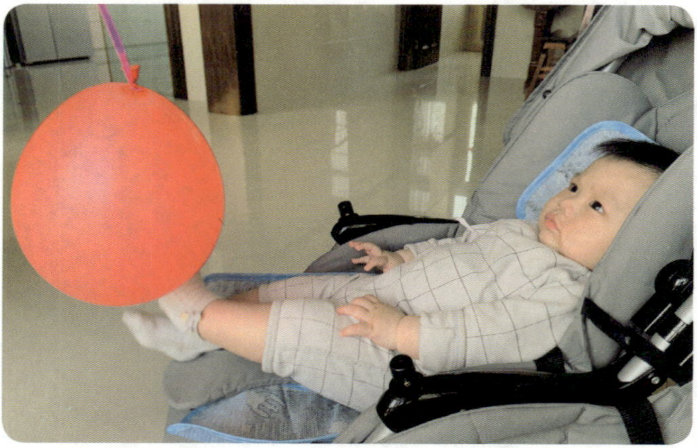

温馨提示

1. 健身架、婴儿床……宝宝活动的任何地方，都可以悬挂铃铛气球让宝宝重复蹬踢。

2. 气球玩腻了？没关系，也可以替换成绒布球或者软胶小刺球哦。温度适宜的话，让宝宝光着脚丫踢踢看，还能丰富宝宝脚底的触觉体验呢。

安全提示

1. 建议家长选择材质厚、质量好的气球。

2. 家长可用打气筒给气球打气，少量充气即可。建议充气量控制在 50% 以内为宜。

3. 家长应确保放入气球内的小铃铛边缘是光滑的，以免划破气球壁，导致气球爆裂而误伤宝宝。

变小海豚啦

游戏类型

肢体活动（运动游戏）

发展指向

俯卧抬头练习，锻炼手臂肌肉和颈部肌肉。

游戏准备

有声响的小玩具

玩法建议

1. 让宝宝俯卧，家长拿着有声响的小玩具在宝宝面前摇晃发出声音，鼓励宝宝抬头。

“宝宝看这里，这是什么？”

2. 当宝宝能够很稳地抬起头时，让宝宝用双手支撑上半身，家长把玩具从宝宝身体的一侧移动到另一侧，鼓励宝宝随着小玩具的移动转动头部。

“宝宝变成小海豚啦，我们来找玩具吧！”

温馨提示

从新生儿期开始，宝宝就可以短暂俯卧和稍微抬头了。多让宝宝俯卧，可以使宝宝的颈部肌肉逐渐强壮。俯卧抬头练习不仅可以让宝宝身体运动起来，也能让宝宝从不同的角度去发现自己眼前的世界。

安全提示

宝宝俯卧时，家长一定要全程看护，如果宝宝累了，就先休息一会儿吧！记得要在用餐半小时后才能做运动哦。

翻个身，小海豚

游戏类型

肢体活动（运动游戏）

发展指向

翻身练习。

游戏准备

大浴巾 1 条

玩法建议

1. 让宝宝仰卧在大浴巾上，家长双手分别捏住宝宝小腿，带动宝宝身体往一侧翻动，帮助宝宝翻身从仰卧变成俯卧。

“宝宝翻个身，小海豚游泳喽！”

2. 宝宝翻身之后，可能会把一侧的小手压在肚皮下，家长要及时帮宝宝把小手拿出来。

“宝宝的小手压在肚皮下啦，妈妈帮你拿出来哦！”

温馨提示

宝宝已经能很熟练地翻身了？那就挑战一下新玩法吧！当宝宝要翻身的时候，家长轻轻按住宝宝双腿，给宝宝一点阻力，让宝宝靠自己的力量翻过来。

安全提示

家长的动作要轻柔，转动宝宝小腿时要顺应宝宝用力的方向，也可以轻轻推一推宝宝的肩膀帮助翻身。

四处看看吧

游戏类型

肢体活动（运动游戏）

发展指向

颈部力量锻炼；区分父母的声音。

游戏准备

柔软的小玩具 1 个

玩法建议

1. 家长竖抱宝宝，让宝宝自由地转动颈部四处看看，家长可以轻轻拍着宝宝走动，用温和的语调向宝宝介绍身边的环境。

“宝宝，我们去散步喽！”

2. 爸爸竖抱宝宝，妈妈站在爸爸身后和宝宝玩“躲猫猫”的游戏，用夸张的表情和语调逗引宝宝。

“妈妈呢？妈妈在这里！”

3. 玩一会儿以后，可以换妈妈来抱宝宝，爸爸和宝宝玩“躲猫猫”的游戏。

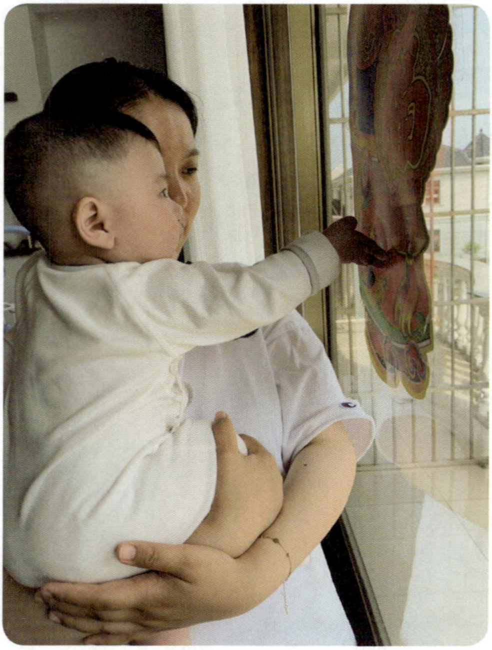

温馨提示

1. 宝宝会坐以后，家长可以一只手臂托起宝宝小屁股，另一只手臂环在宝宝小肚子上，让宝宝脸部朝前背靠家长坐着，带着宝宝四处走走看看。

2. 这个月龄段的宝宝听到家人熟悉的声音会笑，家长可以多和宝宝玩“躲猫猫”的游戏，让宝宝熟悉爸爸妈妈的声音。如果宝宝发笑或发声，家长要及时对宝宝的“信号”做出应答哦。

小摇船

游戏类型

探索活动（感知觉游戏）

发展指向

情感交流；感知不同方位。

游戏准备

大浴巾 1 条

玩法建议

1. 让宝宝躺在大浴巾中间，两名家长分别捏住浴巾两端抬起宝宝，有节奏地轻轻摇晃浴巾，一边摇晃一边用表情、语言和宝宝互动。

“一二三，小摇船出发啦！”

2. 宝宝适应后，家长可以变换方位，提起浴巾左右、前后、上下地轻轻摇晃，让宝宝感知不同的方位。

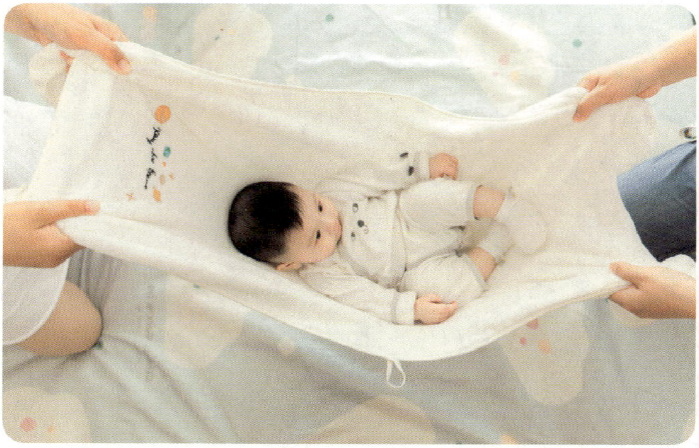

温馨提示

1. 刚开始时，宝宝可能会有些紧张，家长可以轻轻地抬起和放下浴巾，反复几次让宝宝适应。家长可以和宝宝说说话，逗一逗宝宝，既能让宝宝放松下来，也能增进亲子感情。

2. 宝宝开始喜欢与人交往，家长可以把握机会，让宝宝和爸爸妈妈建立稳固的依恋关系，让宝宝更有信心地接触和探索这个世界。

安全提示

如果宝宝已经会翻身了，在玩这个游戏的时候就要小心宝宝自己翻出来哦。用浴巾抬起宝宝时要抓紧浴巾，放下时动作要轻柔，保证宝宝的安全。

瓶中的小彩球

游戏类型

探索活动（感知觉游戏）

发展指向

提高视觉追踪能力。

游戏准备

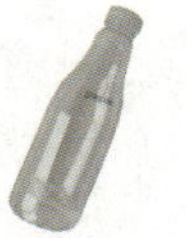

透明塑料瓶 1 个

彩色绒球 3~5 个（以红色、黄色为主）

玩法建议

家长将彩色绒球放入塑料瓶中，盖上盖子。在宝宝眼前缓慢地左右晃动小瓶，边晃动边引导宝宝观察彩球。

“看，这个瓶子里有许多彩色的小球。这些彩球会跳舞哦！”

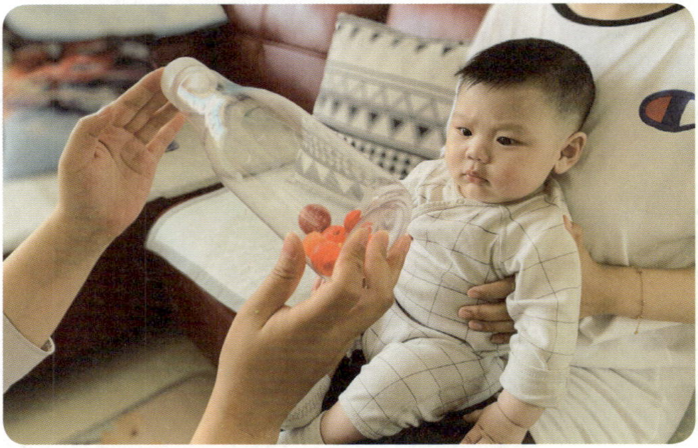

温馨提示

1. 家长也可以选择用玻璃球替换绒球，随着瓶中小球摇晃速度的变化，宝宝视觉追踪的能力可获得提高。

2. 没有塑料瓶和小球？没关系，准备一个玻璃瓶，在瓶中放入宝宝的小玩具、干果等日常材料，也可以很好玩，不仅能练习视觉追踪，还能促进宝宝听觉能力的发展呢。

乌龟妈妈背娃娃

游戏类型

探索活动（感知觉游戏）

发展指向

情感交流；增强对身体的感知。

游戏准备

大浴巾 1 条 ……………………………………

润肤露 1 瓶 ……………………………………

玩法建议

给宝宝洗完澡后，让宝宝躺在干净的浴巾上。家长一边为宝宝涂润肤露，一边朗诵游戏儿歌，分别完成宝宝背部、胸腹部、手臂、腿等部位的抚触按摩。

“现在，妈妈要给宝宝的小手臂涂香香喽！”

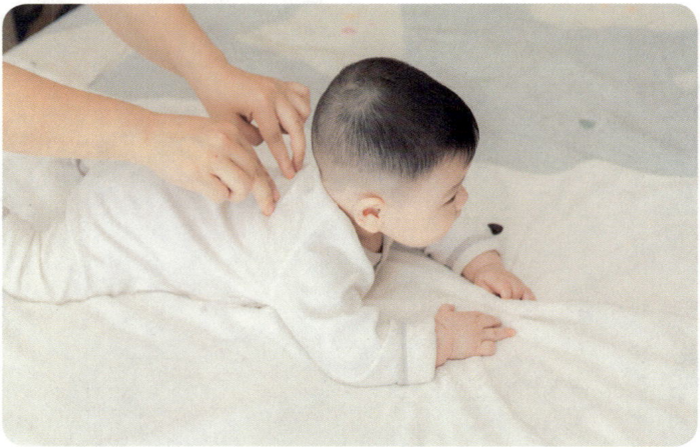

游戏儿歌

乌龟妈妈背娃娃

乌龟妈妈背娃娃，小刺猬，看见啦，也想妈妈背着他。

（双手手掌从上至下，交替抚摸宝宝的身体）

刺猬爬上妈妈背，

（双手的食指与中指从下往上交替点触宝宝的身体）

哎哟，哎哟，刺儿扎！

（双手食指与中指并拢，从上往下同时跳跃敲击宝宝的身体4次）

温馨提示

进行抚触按摩时，家长每次更换身体部位前都可以跟宝宝说一说，接下来要给什么部位涂香香了，既是一种亲子间的情感交流，也能帮助宝宝感知身体的各个部位哦。

挠痒痒

游戏类型

探索活动（操作游戏）

发展指向

尝试用手掌抓物，感知不同的触觉体验。

游戏准备

剪成长条的纸巾若干

玩法建议

1. 让宝宝仰卧，家长一边用温柔的声音念儿歌，一边用纸巾碰一碰宝宝的小脸蛋、小手、小脚。

“挠痒痒喽，挠一挠小脸蛋，挠一挠小手，挠一挠小脚丫！”

2. 在宝宝面前轻轻摇晃纸巾，逗引宝宝伸手去抓。宝宝抓到后，家长要表扬宝宝，让宝宝拿着玩一玩。

温馨提示

家长也可以使用家中常见的不同材质、触感、颜色的物品（如丝巾、毛巾、毛绒玩具等）和宝宝玩“挠痒痒”的游戏，丰富宝宝的视觉和触觉体验，发展宝宝手眼协调的能力。

安全提示

在有东西碰到脸颊时，宝宝可能会张开嘴巴，做吃东西的样子，家长要小心，别让宝宝误食哦。

对眼睛

游戏类型

语言活动（听说游戏）

发展指向

在逗引下尝试发声；亲子情感交流。

游戏准备

几首轻松愉快的儿歌

玩法建议

1. 在给宝宝穿、脱衣服或换尿片时，家长要用柔和的目光和宝宝对视，告诉宝宝现在在做什么。

“宝宝，妈妈给你穿衣服喽！”

2. 宝宝情绪好的时候，家长面向宝宝叫宝宝的名字，吸引宝宝注意，并做出各种夸张的表情逗引宝宝，当宝宝发笑或发出声音后，家长可以学着宝宝的发音进行回应。

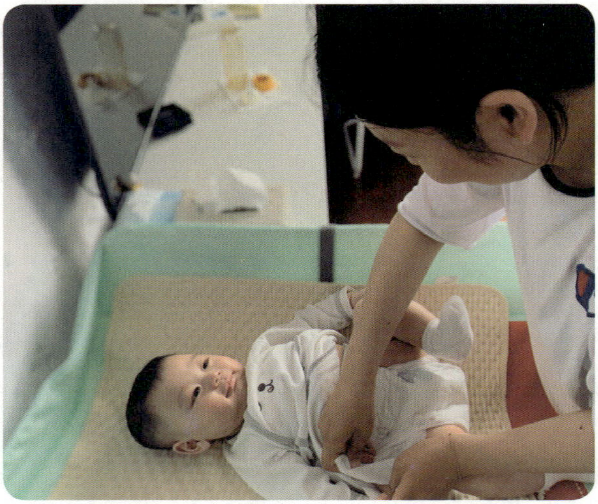

温馨提示

1. 宝宝从新生儿期开始就需要通过搂抱、轻拍、对视、抚摸等方式获得安全感，逐渐建立和家长的依恋关系。在日常照顾宝宝时，家长应多和宝宝用眼神、语言互动，培养良好的亲子关系。

2. 4~6 个月的宝宝开始无意识地发出“ba”“ma”等单音节了，这时家长要经常对宝宝说话，重复宝宝发出的声音，让宝宝看着你的脸和唇，鼓励宝宝模仿发声。

7~12 月龄

7~12 月龄宝宝的肢体动作更灵活了，宝宝开始用新的方式去探索身边的事物。在这个月龄段的家庭游戏中，家长可以帮助宝宝练习爬行和站立的动作，为宝宝行走做准备；鼓励宝宝用小手去探索，增进宝宝的手眼协调和双手配合的能力；在日常生活中为宝宝提供各种听听说说的机会，促进宝宝语言能力的发展。

行为发育对照表

- ★ 能熟练爬行
- ★ 可以借助外力坐直、无辅助坐直，能支撑起身体
- ★ 从扶站向独站发展，从能独自站立片刻到能较长时间独自站立
- ★ 可以用拇指、食指指尖拾小丸等小物品
- ★ 出现物品换手，以及拨动、按压、捏、敲击物品等探索性动作
- ★ 能将握在手中的物体放掉
- ★ 可以握住画笔

- 出现喜欢撕纸的行为
- 会双手各拿一个玩具对着敲打
- 穿衣时，知道配合成人，如抬脚以方便穿鞋穿袜等
- 会玩“躲猫猫”的游戏，会逗人发笑
- 知道藏在毯子下的物体并没有完全消失，会掀开毯子找到玩具
- 喜欢照镜子
- 见到新奇的东西会表示出惊奇，会对书中的图画感兴趣
- 同伴间有“宝宝语对话”
- 开始有想象，出现装扮行为，如假装喝水等行为
- 能听懂简单的命令，如“给妈妈”
- 能模仿拍手欢迎、挥手再见等手势，理解简单态势语言，比如说“拜拜”，宝宝会挥手，也知道挥手是再见的意思
- 会用手指点图片、物品，会用手指出想要的东西
- 会用摇头表示“不要”
- 能听懂“不”，跟宝宝说“不可以”时，宝宝会停下来
- 会发出各种叠音，如爸爸、妈妈等

爬啊爬

游戏类型

肢体活动（运动游戏）

发展指向

爬行练习。

游戏准备

宝宝喜欢的小玩具若干

玩法建议

1. 宝宝俯卧在地垫上，家长在宝宝正前方移动玩具，引起宝宝注意，鼓励宝宝向前爬行去拿玩具。

2. 宝宝会爬以后，家长可以手膝着地撑起身体变成“山洞”，鼓励宝宝爬行钻过“山洞”；家长也可以平躺在地垫上变成一座“小山”，让宝宝翻越“小山”爬行。

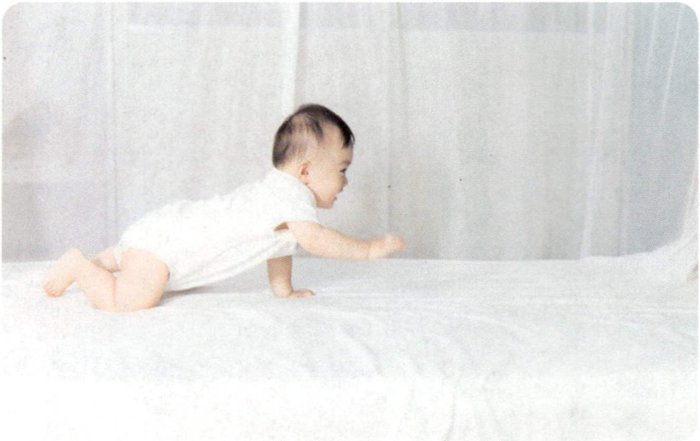

温馨提示

1. 爬行初期，宝宝可能是腹部贴地，双手推挪身体前进或者后退。随着腿部肌肉更有力，宝宝会逐步用弯曲的膝盖和肘部支撑身体，开始爬行。

2. 对于腹部贴地爬行的宝宝，家长可以准备一条宽度和宝宝胸腹部相等的浴巾，用浴巾兜住宝宝的胸腹部，提起宝宝的身体帮助宝宝练习手膝爬的动作。

拍一拍

游戏类型

肢体活动（运动游戏）

发展指向

练习站立，发展身体平衡能力。

游戏准备

茶几或小桌子 1 张

玩法建议

让宝宝扶着茶几或小桌子站稳，家长双手拍桌面发出咚咚的声音，鼓励宝宝模仿用双手拍一拍桌面。

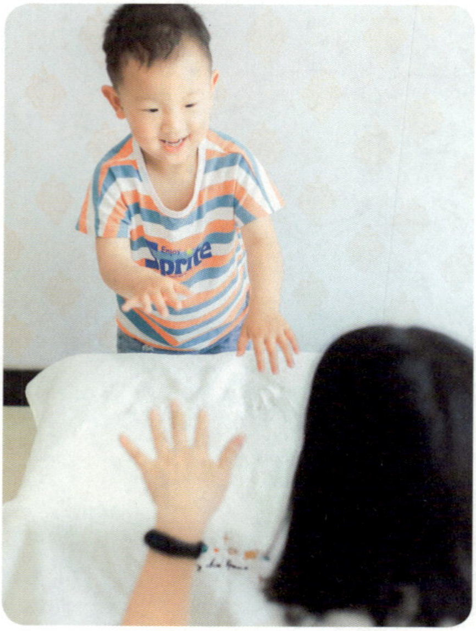

温馨提示

1. 10~12 个月的宝宝已经开始能从扶物站立到独自站立了，通过这个游戏能让宝宝瞬间离开桌子支撑，自己独立站一会儿。

2. 如果宝宝已经能站稳了，家长还可以准备稍矮一点的小椅子，让宝宝弯腰拍一拍椅子，也能锻炼宝宝站立的平衡性。

安全提示

家长要等宝宝站稳后再放手，以免宝宝失去平衡，后仰跌倒哦。

小铃铛去哪儿

游戏类型

肢体活动（操作游戏）

发展指向

用拇指、食指指尖捏起小物体。

游戏准备

铃铛若干

广口瓶 1 个

玩法建议

家长鼓励宝宝用拇指和食指指尖捏起小铃铛，一个一个放入瓶中。家长帮忙把盖子盖上，摇一摇瓶子，让宝宝听听声音。

“小铃铛，放进瓶，摇一摇，真好听。”

温馨提示

家长也可以提供家中已有的小玩具或生活材料，让宝宝有更多的感知机会。广口瓶可以是塑料瓶、玻璃瓶，开口大小刚好能让宝宝小手自由进出就可以啦。

安全提示

铃铛比较小，游戏时家长要全程看护，防止宝宝误食。游戏前后都要数一数铃铛数量，防止铃铛遗落在地上被宝宝捡拾。

塞一塞，拿一拿

游戏类型

肢体活动（操作游戏）

发展指向

练习手指拨动、按压、拿取的动作。

游戏准备

干净的泡沫垫 1 块 ……………………

小玩具若干 ……………………

玩法建议

1. 家长事先在泡沫垫上划出几个约 3 厘米长的小口子，示范将一个小玩具塞进泡沫垫上的小口子里，鼓励宝宝学着拿一个玩具放在小口子上，再伸出食指将玩具按压进去。

“小玩具捉迷藏喽，宝宝来帮它们躲起来吧！”

2. 泡沫垫塞满小玩具之后，家长引导宝宝尝试用手指拨一拨、抠一抠，把泡沫垫里的小玩具拿出来。

“小玩具准备回家了，快把它们找出来吧！”

温馨提示

随着宝宝手的进一步发育，宝宝会喜欢摸来摸去，也喜欢伸出食指去戳戳点点，家长可以用常见的废旧材料给宝宝制作塞放玩具，满足宝宝对捏、塞、抠等手部动作的需求。

撕一撕

游戏类型

肢体活动（操作游戏）

发展指向

尝试双手配合撕纸；触摸不同的物品，进行触觉感知。

游戏准备

卫生纸若干 ……………………………… 

彩纸、广告纸若干 ……………………… 

玩法建议

给宝宝一张卫生纸，让宝宝拿着卫生纸，双手随意撕扯。也可以准备干净的彩纸、广告纸，让宝宝撕扯纸张时也能感受不同的触感。

温馨提示

洗干净的菜叶或树叶也可以成为宝宝的游戏材料哦，让宝宝尝试撕扯不同材质的物品，不仅能锻炼宝宝双手配合的灵活度，还能让宝宝体验到各种不同的触感呢！

安全提示

这个月龄段的宝宝特别喜欢把抓到的东西放到嘴里去探索感受，家长要注意看护，防止宝宝误食。

装进去，倒出来

游戏类型

肢体活动（操作游戏）

发展指向

尝试有意识地拿和放。

游戏准备

空的奶粉罐 1 个 ································

核桃若干 ································

玩法建议

1. 家长和宝宝面对面坐下，把空奶粉罐和核桃放在宝宝面前。

“宝宝，我们一起把核桃放进奶粉罐里吧！”

2. 家长示范捡起核桃，将核桃放入奶粉罐，鼓励宝宝模仿家长的动作进行游戏。

“看，像妈妈（爸爸）一样松手，把核桃放进去。”

温馨提示

宝宝刚开始练习放手时，可以鼓励宝宝把手伸到瓶子里，当宝宝小手碰到容器底部时，自然就会松手将核桃放下了。这样的游戏不仅能锻炼宝宝手部动作，还能帮助宝宝掌握空间概念和因果关系呢。

小熊在哪里

游戏类型

探索活动（认知游戏）

发展指向

寻找被掩盖的物品；建立客体永久性的概念。

游戏准备

小熊玩偶 1 个 

纱巾 1 块 

纸盒 1 个 

玩法建议

1. 家长把小熊玩偶放在宝宝面前，当着宝宝的面用纱巾遮住，鼓励宝宝掀开纱巾，找到小熊。

“小熊躲到哪里去啦？”

2. 家长拿出纸盒，当着宝宝的面把小熊放进纸盒内，盖上盒盖，引导宝宝掀开盒盖，找到小熊。

温馨提示

1. 家长在遮挡时，先刻意露出部分小熊的身体，方便宝宝寻找。也可以将玩具藏在房间里的其他地方，如床上、沙发上、桌子底下等，藏玩具时注意要给宝宝留一点线索，鼓励宝宝找到玩具。

2. 寻找掩盖的物品会让宝宝认识到，离开视野的物品将持续存在，被藏起来的东西并没有消失，之后还会再出现。这个重要的发现，可以让宝宝逐渐建立客体永久性的概念。

这是谁呢

游戏类型

语言活动（听说游戏）

发展指向

重复词语“妈妈”“爸爸”，开始将称谓与人联系起来。

游戏准备

自制照片书 1 本

玩法建议

1. 将家庭成员的照片打印出来，制作成一本照片书。家长抱着宝宝一起翻看照片书，边指边说照片上是谁。家长重复词语“妈妈”和“爸爸”，鼓励宝宝开口。

“看看这是谁？这是妈妈。”

2. 宝宝坐在家长双腿上，面向家长，家长有节奏地边抖动双腿边朗读儿歌《小娃娃》。

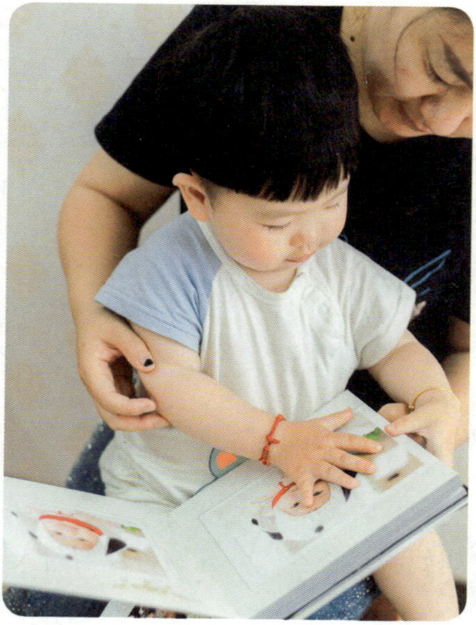

游戏儿歌

小娃娃

小娃娃，甜嘴巴，
喊妈妈，叫爸爸，
叫得奶奶乐哈哈。

温馨提示

1. 与宝宝互动时，家长要留出充分的时间等待宝宝回应，鼓励宝宝发声。

2. 儿歌最后一句中的“奶奶”可以根据实际情况，换成其他家庭成员。

3. 家长也可以充分利用生活场景，引导宝宝关注身边的人，如“是谁回来啦？是爸爸！”逐渐帮助宝宝建立称谓与人之间的联系。

两只小鸟

游戏类型

创造性活动（音乐游戏）

发展指向

模仿成人做动作。

玩法建议

家长帮助宝宝伸出双手食指，一边听儿歌一边做动作。

游戏儿歌

小鸟

两只小鸟坐在小树上，
它叫叮叮，它叫咚咚。
（依次伸出左、右手食指点一点）
叮叮飞走了，咚咚飞走了，
（依次将左、右手藏到背后）
叮叮回来吧，咚咚回来吧，
（依次将左、右手拿到胸前摇晃）
快快回来吧！（双手食指在胸前摇晃）

温馨提示

1.1 岁左右的宝宝开始有了微弱的自我意识，会重复别人看了会笑的动作，这样既娱乐了自己，又能引起他人的关注。当宝宝能自己伸出食指做小鸟的动作时，家长要表情夸张地表扬宝宝。

2. 宝宝快 1 岁时，家长可以教宝宝伸出食指表示“1”。当问到宝宝“几岁了”时，引导宝宝伸出食指，表示“1 岁”。

小手小脚

游戏类型

探索活动（认知游戏）

发展指向

照镜子认识自己的身体；感知稳定的节奏。

游戏准备

穿衣镜 1 面

玩法建议

1. 让宝宝坐在穿衣镜前照镜子，家长拿起宝宝的小手、小脚轻轻摇晃，告诉宝宝，这是宝宝的小手，这是宝宝的小脚。

2. 家长播放儿歌，带着宝宝边唱边做动作。

游戏儿歌

小手小脚

这是我的小手，拍拍拍拍拍，这是我的小手，拍拍拍拍拍。

这是我的小脚，跳跳跳跳跳，这是我的小脚，跳跳跳跳跳。

温馨提示

宝宝熟悉游戏后，家长可变换游戏动作，如：小手摸、小手点、小脚踏、小脚踢等，增加游戏的趣味性。也可以结合宝宝的身体认知改编歌词。如：这是我的小手，摸摸小脸蛋，这是我的小手，拍拍小肚子等。

13~18 月龄

13~18月龄的宝宝开始有了自我意识，他们好奇心强，喜欢模仿。在这个月龄段的家庭游戏中，家长可以利用家中常见的物品让宝宝练习攀爬和行走，鼓励宝宝认识和模仿使用日常用品，多教宝宝指一指、认一认、说一说，发展宝宝的认知能力和语言能力。

行为发育对照表

- 开始学走路，15 月龄左右会独自行走，不需要支持并走得较稳
- 开始学后退走
- 18 月龄左右可以独自在家具上爬上爬下
- 开始学跑
- 可以推拉玩具
- 能自己用水杯喝水
- 喂饭时要抢小勺，逐渐过渡到能自己用小勺吃饭

- 会堆 2~3 块小型方块积木
- 会翻、看图书
- 会识别简单的形状（如圆形）
- 会用蜡笔乱涂乱画
- 在受挫折时会发脾气
- 喜欢模仿扫地或擦桌子
- 与人交流时有目光和眼神的对视
- 对很多东西感兴趣
- 会独立玩耍
- 会用手指出或说出想要的东西
- 能说出几个单独的词，如“奶奶”“爷爷”“花”“饭”等，当见到爸爸妈妈时，会有意识并正确地叫出来
- 会按要求指出熟悉的人或物
- 能辨认出熟悉的人、物品和身体各部位的名称
- 能听懂简单的命令
- 出现 2 个词语组合，在熟悉某一个事物时，能按照规律组合词语，如“妈妈抱”等

爬上爬下

游戏类型

肢体活动（运动游戏）

发展指向

攀爬动作练习。

游戏准备

棉被 1 床

玩法建议

家长将棉被折叠成一定高度放在地垫上，做成一座“小山”，引导宝宝爬上爬下翻越“小山”。

“宝宝来爬山喽！”

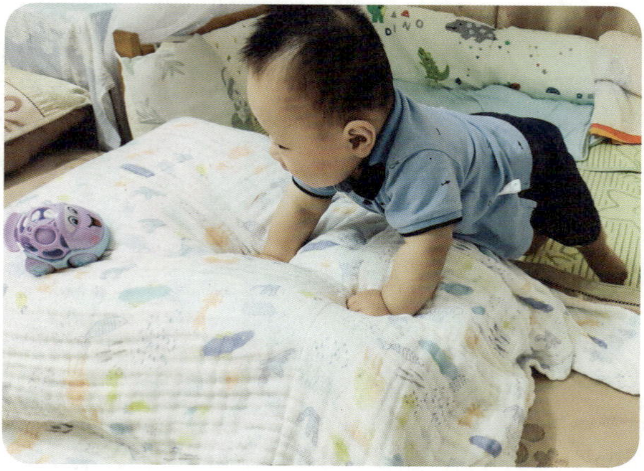

温馨提示

1. 厚的沙发垫、大抱枕也可以用来做“小山”，或者把宝宝的各种球装进大口袋里扎紧，做成一座崎岖不平的“小山”。可以选用家庭常见物品做障碍物，真实的生活物品可以增加宝宝游戏的乐趣哦。

2. 家长根据宝宝动作能力控制“小山”的高度，如果宝宝已经玩得很熟练了，可以让爸爸手膝着地变成“大山”，让宝宝踩着小板凳翻越“大山”，和爸爸快乐玩耍的同时，也能锻炼宝宝的胆量和身体灵活性。

安全提示

家长要固定好棉被，防止宝宝抓扯棉被翻越时后仰摔倒。

小小搬运工

游戏类型

肢体活动（运动游戏）

发展指向

行走练习。

游戏准备

玩具推车 1 个 …………………………………… 

大玩偶 1 个 …………………………………… 

手提袋 1 个 …………………………………… 

小玩具若干 …………………………………… 

玩法建议

1. 家长引导宝宝推着小推车行走，一边走一边将事先放在各个房间的小玩具放进推车里。

“宝宝，选好玩具就放进推车里推着走哦！”

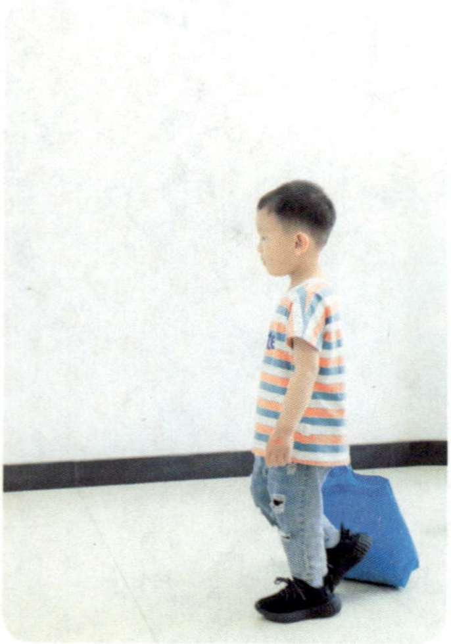

2. 家长准备几个大玩具，如大玩偶、大球等，让宝宝抱着大玩具行走。

“大熊玩偶太大啦，手推车都放不下，宝宝帮妈妈抱着走吧！”

3. 准备一个大购物袋，和宝宝一起将推车的玩具放进大购物袋中，请宝宝拉着购物袋拖来拖去。

“购物袋好重呀，宝宝帮忙拖着走吧！”

温馨提示

1. 让宝宝尝试不同方式的行走，可以发展宝宝动作的灵活度。家长可以结合宝宝动作能力和兴趣，设置“小任务”和宝宝一起玩各种行走的游戏。

2. 这个月龄段的宝宝开始想要故意表现自己、吸引成人的注意，家长在游戏中让宝宝帮忙做事情并及时表扬，不仅激发宝宝参与游戏的兴趣，也能让宝宝更有自信。

喂瓶宝宝吃什么

游戏类型

肢体活动（操作游戏）

发展指向

学习使用小勺。

游戏准备

瓶子 1 个 ……………………………… 

自制漏斗 1 个 ……………………………… 

勺子 1 个 ……………………………… 

黄豆若干 ……………………………… 

玩法建议

1. 用矿泉水瓶自制漏斗放置在塑料瓶上，家长帮助宝宝扶着瓶子，让宝宝用勺子舀黄豆放进漏斗中。

“瓶宝宝饿了，宝宝来喂它吃东西吧！啊呜啊呜真好吃。”

2. 在矿泉水瓶中间开一个洞，让宝宝一手扶瓶子，一手拿勺舀黄豆放进瓶子的洞口里。

“这个瓶宝宝的嘴巴很小，我们要小心，不要把豆子洒出来哦！”

温馨提示

1. 给不同的“瓶宝宝”喂食时，宝宝需要舀起黄豆向不同方向倾倒，家长可以让宝宝两只小手轮流尝试，发展宝宝手部的灵活度和双手配合能力。也可以替换成其他谷物，在舀和倒的时候，还能引导宝宝听听不同食物发出的声音，增加游戏的乐趣。

2. 在日常进餐过程中，要鼓励宝宝自己使用勺子舀食物，逐渐帮助宝宝学会自己进餐。

安全提示

游戏时，家长要全程看护，防止宝宝将豆子放入口鼻。

沙地寻宝

游戏类型

肢体活动（操作游戏）

发展指向

练习使用小工具探索；完善客体永久性概念。

游戏准备

2~3 件小玩具 ································ 

挖沙工具 1~2 件（勺子、杯子） ················ 

大号塑料收纳盒 1 个 ························ 

玩法建议

1. 家长准备一个装着沙子的收纳盒，在沙子里藏几个小玩具，让宝宝用挖沙工具在沙子里找出玩具。

“宝宝挖到什么宝藏啦？原来是一辆小汽车。”

2. 请宝宝将找出来的玩具放进沙子里，埋起来，让家长来挖一

挖，找一找。

“宝藏在哪里呢？让妈妈来找找看！”

温馨提示

1. 宝宝用手玩沙时，家长可以询问宝宝沙子的触感，如：“沙子摸上去感觉怎样？”“沙子是硬硬的、一粒一粒的。”给宝宝找一个干净宽敞的沙池玩寻宝游戏，玩起来会更尽兴哦。

2. 这个月龄段的宝宝对身边的很多事物都非常感兴趣，“沙地寻宝”的游戏能让宝宝尝试使用工具去探索，锻炼小手动作的灵活性，还能在藏藏找找的过程中完善客体永久性概念。

五官游戏

游戏类型

探索活动（认知游戏）

发展指向

认识身体的各个部位；将身体的各部位与各项功能联系起来。

玩法建议

1. 家长和宝宝互相指点五官，一边指一边说说五官的功能。

2. 家长和宝宝玩“别让我看见”的游戏，如当家长说到“别让我看见”的时候，鼓励宝宝把家长的眼睛遮住；说到“别让宝宝看见”的时候，鼓励宝宝把自己的眼睛遮住。

游戏儿歌

五官歌

小眼睛，看风景。
小耳朵，听声音。
小鼻子，闻味道。
小嘴巴，吃东西。

温馨提示

1. 家长可以先让宝宝认识并知道五官的功能，再学习听指令正确遮挡相应部位。游戏中，如果宝宝还不太熟悉，家长也可以放慢速度让宝宝想一想，或适当提示一下，让宝宝体验成功，激发宝宝游戏的兴趣。

2. 宝宝都学会了以后，家长可以和宝宝一起玩“别让我听到”“别让我吃到”“别让我闻到”的游戏，还可以加快速度、增加难度哦！

鸡蛋壳敲一敲

游戏类型

探索活动（认知游戏）

发展指向

识别简单的形状；增强手眼协调能力，练习捶打的动作。

游戏准备

鸡蛋壳 ....

玩具小锤子 1 把 ....

玩法建议

1. 准备一些洗干净的蛋壳，在蛋壳一端画上简单的形状，和宝宝一起认一认蛋壳上有什么形状。

“宝宝看，这是圆形。”

2. 把鸡蛋壳摆放在盘子里，给宝宝准备一把玩具小锤子，家长说出一个形状名称，让宝宝听指令用小锤子将指定形状的鸡蛋壳敲碎。

“小锤子，敲一敲，敲……三角形！”

温馨提示

1. 在蛋壳上画形状时，可以先画宝宝已经认识的形状，再逐渐过渡到其他形状。

2. 如果宝宝不能找到指定的形状也没关系，即使是简单的敲蛋壳游戏，也能让宝宝练习使用锤子敲打的动作，促进宝宝手眼协调能力的发展。

安全提示

家长在准备鸡蛋壳时，要将蛋壳洗净晾干，并注意蛋壳边缘不要出现尖角，以免刮伤宝宝。

小帮手

游戏类型

肢体活动（操作游戏）

发展指向

模仿大人使用日常用品。

游戏准备

玩具小扫帚、小簸箕 1 套

小抹布 1 块

玩法建议

家长在做日常清扫的时候，给宝宝也准备一套工具，如小扫帚、小抹布等，请宝宝帮忙一起做事情，如用扫帚扫地，抹布抹桌子等。

“宝宝准备好了吗？我们一起来做清洁吧！”

温馨提示

15个月左右的宝宝开始出现想象，会模仿家长的动作。因此，日常生活中，家长要多给宝宝提供模仿大人使用日常用品的机会，帮助宝宝理解并记住家中常见物品的使用方法，增加生活经验。

找一找

游戏类型

探索活动（语言游戏）

发展指向

听懂简单的指令；认识常用生活物品。

游戏准备

家庭成员的拖鞋

玩法建议

家长带宝宝看看鞋架上的拖鞋，和宝宝一起认一认这是谁的拖鞋。家长可以利用回家换拖鞋的生活场景，请宝宝帮忙找出爸爸的拖鞋拿给爸爸，找出妈妈的拖鞋拿给妈妈。

“宝宝，帮忙把妈妈的拖鞋拿过来好吗？”

温馨提示

1. 在生活中可以经常和宝宝玩“找一找”的游戏，如认识家庭成员的水杯、外套等常用物品，请宝宝帮忙找出来，拿给指定家人，发展宝宝的语言理解能力。

2. 在这个月龄段，宝宝会很喜欢帮助成人做事情，对于宝宝表现出来的独立性，家长要多给予鼓励和认可，培养宝宝的独立意识。

小动物的叫声

游戏类型

语言活动（儿歌游戏）

发展指向

指认和说出认识的物品；模仿小动物的叫声。

游戏准备

小鸡、小鸭、小狗、小猫等动物图片若干

玩法建议

1. 家长拿出动物卡片，和宝宝一起指一指、说一说它们的名称。

2. 家长将动物图片排排队，一边模仿动物的叫声及动作，一边朗读儿歌，鼓励宝宝模仿小动物叫声，跟着儿歌做动作。

游戏儿歌

小动物的叫声

小小鸡，叽叽叽。（双手食指对碰，放在嘴前，模仿小鸡的尖尖嘴）

小小鸭，嘎嘎嘎。（双手手掌上下合拢，放在嘴前，上下开合手掌，模仿小鸭扁扁嘴）

小黄狗，汪汪汪，（双手拇指分别放于两侧太阳穴，四指并拢，上下扇动，模仿小狗的大耳朵）

小花猫，喵喵喵。（五指并拢放嘴巴两侧，向外摸，模仿小猫捋胡子状）

温馨提示

1. 家长可以根据宝宝的兴趣改编儿歌，提供更多的动物图片让宝宝模仿上面的动物发声。

2. 除了认识动物和日常物品，还可以让宝宝听从简单的指令，如“把球给我”等。

涂涂画画

游戏类型

探索活动（创造性游戏）

发展指向

随意涂画，感知不同颜色。

游戏准备

手指画颜料 3~5 瓶 

小方桌 1 张 

保鲜膜若干 

玩法建议

将小方桌倒放，在桌腿上缠绕一层保鲜膜围成四面“画布”，让宝宝坐在小方桌里，用手蘸取颜料，随意在保鲜膜上涂涂画画。

温馨提示

1. 家长可以让宝宝双手蘸满颜料随意涂抹出图案，也可以将不同颜料混合在一起，让宝宝感受混色的效果。除了小手涂画，还可以让宝宝的小脚丫来试试看。总之，鼓励宝宝大胆用色涂画创作吧！

2. 如果有大张的画纸，也可以给宝宝准备家庭常见的物品来涂画，比如利用蔬菜（胡萝卜、芹菜等）的菜汁直接涂画，或用日用品（瓶盖、纸巾等）蘸颜料涂画，让宝宝体验不同材料的涂画效果，增加游戏的乐趣。

19~24 月龄

19~24 月龄的宝宝正日益强化自己的独立意识，随着走、跑、跳等运动能力的增强，宝宝对所观察到的世界非常感兴趣。在这个月龄段的家庭游戏中，家长可以引导宝宝认识情绪，尝试用语言表达需求；可以利用宝宝表现出来的“独立性”，鼓励宝宝尝试自己做事情、帮助成人做事情。

行为发育对照表

- 能扶着栏杆上下楼梯
- 会奔跑
- 能倒退走
- 当球滚向宝宝时，会自己独立踢球
- 能叠稳 4 块方积木
- 能模仿涂画，但不一定画得像
- 能自己吃饭

★ 能独立把瓶里的小丸倒出来

★ 能模仿或协助大人做家务，如扫地送簸箕、擦自己的小凳子等

★ 喜欢模仿他人的行为，尤其是成人或大一点的孩子

★ 能和大人在一起听故事、看图画，有互动和交流

★ 会玩给玩偶喂饭等类似过家家的假扮游戏

★ 愿意和家长一起收拾玩具

★ 可以表达自己的情绪、希望、兴趣等

★ 可以理解禁令，懂得当大人说“不可以”的时候不要去做某事

★ 可以重复或复述简单的物品名称

★ 会使用简单的语句

★ 用语言或手势辅助语言的方式表达人物、物名、图片大意

★ 能从 3~5 张图片中找到目标，如说到“狗狗”就能在图片中指出来

★ 会说出 2~4 字的短句，如：“吃饭饭。”“坐车车。”

小马跑跑停

游戏类型

肢体活动（运动游戏）

发展指向

跑的动作练习；尝试听指令跑和停。

玩法建议

1. 家长引导宝宝在灯光下或阳光下找找爸爸的影子，让宝宝追着爸爸在地上的影子跑，想办法踩到爸爸的影子。

“宝宝，我们去踩爸爸的影子吧！”

2. 家长带领宝宝模仿小马奔跑。宝宝熟悉动作以后，家长用不同语速念儿歌，带领宝宝根据儿歌快跑、慢跑和停下。

游戏儿歌

小马跑

小小马儿向前跑，向前跑，在那小路上，
小小马儿停了脚，回家了，它累了，它累了。

温馨提示

1. 家长可以将小马替换成宝宝喜欢的其他动物，和宝宝一起念念玩玩，会让游戏更有趣味哦。

2. 家长也可以带着宝宝到户外玩玩“小马跑跑停”的游戏，让宝宝在跑跑停停的过程中学会控制速度和保持自己的身体协调。

沿着脚印走

游戏类型

肢体活动（运动游戏）

发展指向

倒退走；身体平衡练习。

游戏准备

自制脚印贴若干 ………………………………

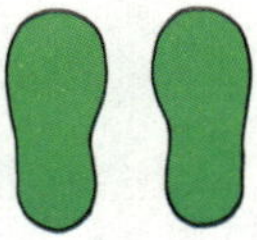

玩法建议

1. 在客厅的地板上，将脚印按走路的顺序，以一前一后或者一左一右的方式贴好，间隔的距离可长可短，鼓励宝宝踩着不同的脚印走。

"宝宝，这些小脚印要去哪里呢？沿着脚印走一走吧。"

2. 家长站在宝宝身后一段距离，鼓励宝宝尝试倒退着走。等到宝宝走到家长面前，家长从背后给宝宝一个拥抱，并夸奖宝宝。

温馨提示

1. 家长可以在家里的某处地方提前藏好宝宝喜欢的玩具，让宝宝沿着小脚印去找玩具哦。

2. 还可以根据宝宝的喜好提供各种动物的脚印，或是在游戏中给宝宝提供大小不同的脚印，引导宝宝听指令沿着某个脚印走，如“沿着大脚印走”。

安全提示

在游戏开始之前，家长要将桌椅摆放好、把地板上的小物件清理干净，避免宝宝摔倒碰伤。

甜甜的手指画

游戏类型

肢体活动（操作游戏）

发展指向

能模仿涂画，发展手部精细动作。

游戏准备

果酱若干种 ……………………………………

餐盘 2~3 只 ……………………………………

玩法建议

1. 请宝宝在餐桌边坐好，自由选择一种果酱放在盘子上，用手随意涂画。

“宝宝，我们要在餐盘上画甜甜的手指画。开心吗？”

2. 家长更换不同口味的果酱，鼓励宝宝随意选择，继续涂画。

“像妈妈（爸爸）一样在盘子上来回画。”

“像妈妈（爸爸）一样在盘子上绕圈画。”

温馨提示

1. 由于提供的是甜甜的果酱，宝宝可以边吃边画哦。游戏时，宝宝不仅可以用手指涂画，还可以用小面包块来涂画，游戏会更加有趣味性。

2. 家长也可以用可食用的儿童安全颜料替换果酱，让宝宝在更大的画纸上涂画。游戏结束以后，家长可以请宝宝一起收拾，让宝宝养成良好的习惯。

小动物叠高高

游戏类型

肢体活动（操作游戏）

发展指向

尝试向上叠稳 3~4 块方积木；练习手眼协调能力。

游戏准备

方块积木 3~4 块

小动物图片（与方块积木的一个面同大）

长颈鹿图片（可剪开成 4 个正方形分别贴在 4 块方块积木上）

玩法建议

1. 家长和宝宝面对面坐下，出示贴有小动物图片的方块积木，和宝宝一起玩“小动物叠高高”的游戏，鼓励宝宝把 3~4 块积木都堆叠起来。

“小动物要来玩‘叠高高’的游戏，我们来帮帮它们吧！”

2. 将剪开成 4 个正方形的长颈鹿图片一一贴在方块积木上，引导宝宝通过叠高拼搭出完整的长颈鹿。

温馨提示

1. 如果没有方块积木也没关系，家长可以用家里的奶粉罐、鞋盒等物品替代，根据宝宝拼搭的情况，逐渐增加盒子数量。

2. 家长也可以将宝宝喜欢的其他动物图片剪开，粘贴到几块方积木上，引导宝宝叠高拼搭，逐步感知部分与整体之间的关系。

水里捞一捞

游戏类型

肢体活动（操作游戏）

发展指向

模仿成人使用工具；感知“沉”和“浮”。

游戏准备

可沉（浮）的小玩具若干 

装有水的小盆 1 个 

漏勺和汤勺各 1 个 

玩法建议

1. 家长和宝宝一起依次把准备好的玩具放进装有水的小盆里，观察玩具沉浮的情况。

2. 家长示范用勺子舀起玩具，给宝宝一个漏勺和一个汤勺，让宝宝将所有玩具捞起来，体会使用汤勺和漏勺的不同。

“宝宝，像妈妈（爸爸）一样把玩具捞起来吧。”

温馨提示

1. 家长可以给宝宝提供各种生活中常见的物品，如：软木塞、小纸船、乒乓球、金属小勺、小碗、海绵、洗碗布、木块、鹅卵石等，让宝宝反复感知“沉”与“浮”。这个过程能让宝宝感知因果关系，慢慢发现其中规律。

2. 这个月龄段的宝宝已经能较长时间专注一个游戏，家长可以提供不同工具让宝宝舀玩具，尽量不要干扰宝宝，如避免在宝宝游戏时喂水、喂零食等行为。

手指头大变身

游戏类型

语言活动（儿歌游戏）

发展指向

配合动作进行儿歌表演；发展语言表达技巧。

游戏准备

游戏毯 1 块 ……………………………………

玩法建议

家长与宝宝面对面坐在游戏毯上，家长边念儿歌，边示范手指头大变身，鼓励宝宝模仿做动作，开展游戏。

“宝宝看，手指头变成了什么？”

游戏儿歌

手指头大变身

一根手指头，变呀变呀变，变成毛毛虫。（左右手食指相对向前拱）

两根手指头，变呀变呀变，变成小白兔。（两根手指放在头顶）

三根手指头，变呀变呀变，变成小花猫。（三根手指放在嘴边，扮成胡须）

四根手指头，变呀变呀变，变成花蝴蝶。（左右手大拇指勾在一起，伸展其余四根手指扇动）

五根手指头，变呀变呀变，变成大螃蟹。（两手手心向下靠拢，八根手指模仿蟹脚爬动）

温馨提示

1. 等宝宝熟悉游戏儿歌后，家长可以在每一句儿歌的最后，留出一些时间，等待宝宝自己说出变成什么动物，提高宝宝的语言表达能力。

2. 家长可以鼓励宝宝用大肢体动作来表现儿歌，如毛毛虫（匍匐爬）、小白兔（原地跳起）、小花猫（轻轻走）、花蝴蝶（小跑步）、大螃蟹（侧走），让宝宝大胆表演和表现。

袜子找朋友

游戏类型

探索活动（认知游戏）

发展指向

模仿做家务；将相似物品归类、配对。

游戏准备

4~5 双颜色、大小不同的袜子 ………………… 

小篮筐 1 个 ………………………………… 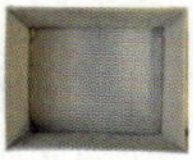

玩法建议

1. 家长把晾干的衣服收进来，将装有干净袜子的小篮筐给宝宝，让宝宝把袜子配对。

“这是洗干净的袜子，宝宝来帮袜子找朋友吧！”

2. 引导宝宝对折整理袜子，让宝宝认一认这是谁的袜子，将它们分别放入对应家庭成员的衣物抽屉里。

温馨提示

1. 宝宝帮忙做家务之后，家长一定要多多表扬哦，这样可以让宝宝更乐意参与家务劳动。

2. 家长也可以准备厚薄不同、材质不一的袜子，让宝宝玩“袜子找朋友”的游戏，宝宝在练习归类的同时，也能丰富触觉体验哦。

各种各样的表情

游戏类型

探索活动（认知游戏）

发展指向

认识表情，感知情绪。

游戏准备

自制表情拼图

玩法建议

1. 准备表情拼图，家长和宝宝一起拼一拼，说说图上的表情是开心、伤心还是生气。

2. 家长带领宝宝一边念儿歌，一边做动作。

游戏儿歌：

表情歌

开心，我就哈哈笑，（双手食指指向脸两侧，做出笑的表情）
伤心，我就呜呜哭，（双手握拳放在眼睛处，做出哭的表情）
生气，我就噘起嘴。（双手叉腰，做噘起嘴生气的表情）

温馨提示

1. 家长在带领宝宝模仿表情的同时，可以问问宝宝，什么时候感到开心（伤心、生气）？让宝宝大胆地描述自己的情绪体验。对于家长来说，这也是增进亲子关系的好方法哦。

2. 当宝宝发脾气或说“不”的时候，家长需要更有耐心、更有智慧地应对，鼓励宝宝表达自己的喜、怒、哀、乐，把情绪说出来。

玩具回家啦

游戏类型

探索活动（认知游戏）

发展指向

整理玩具，知道物归原处。

游戏准备

宝宝的玩具及其对应照片 2 套

玩具收纳盒或玩具收纳篮若干 ………………… 

玩法建议

1. 家长预先准备好玩具照片，和宝宝一起将玩具照片贴在收纳盒或收纳篮的外侧。

2. 家长鼓励宝宝根据收纳盒或收纳篮外侧照片的提示，将散落在地上的玩具一件一件送回对应的位置。

温馨提示

1. 家长可以邀请宝宝一起给玩具拍照片，和宝宝商量决定玩具摆放的位置以及使用的收纳盒，会让宝宝更有参与感哦。

2. 宝宝整理玩具时，家长需要遵循逐步放手的原则，起先可以多参与宝宝整理玩具的活动，随后逐渐退出，直至宝宝可以独立完成，逐渐养成及时整理玩具的好习惯。

照顾小娃娃

游戏类型

创造性活动（假扮游戏）

发展指向

模仿照顾娃娃。

游戏准备

可穿、脱衣服的娃娃 1 个 

过家家玩具若干 

玩法建议

家长和宝宝一起玩照顾娃娃的游戏，家长可以根据宝宝实际的生活体验提问，如“娃娃饿了怎么办”，引导宝宝回答，并请宝宝帮忙喂娃娃吃东西。

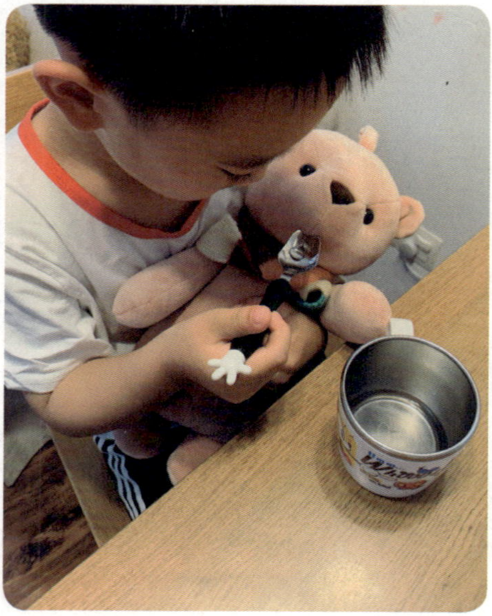

温馨提示

1. 假扮游戏还原了宝宝生活中的真实场景，能很好地促进宝宝社交技能的发展，家长平时可以多创设一些场景，和宝宝一起玩假扮游戏。

2. 家长可以鼓励宝宝边玩边说，不论是宝宝自言自语，还是宝宝与家长的对话，都能让宝宝的语言能力在游戏中得到发展。

25~30 月龄

25~30月龄的宝宝已经能较长时间专注于喜欢的活动，也开始愿意和同伴一起玩简单的游戏，语言和社会性都有了进一步的发展。在这个月龄段的家庭游戏中，家长可以和宝宝玩跑跑跳跳、玩球等游戏，发展宝宝的身体控制能力，鼓励宝宝和同伴一起玩游戏，帮助宝宝学会遵守基本的游戏规则，尝试表达情绪，促进宝宝情绪与社会性发展。

行为发育对照表

- 双脚能同时离地跳起
- 能用力向远处扔球
- 会独自上下楼梯
- 会踢球
- 能一页一页地翻书
- 会穿珠子
- 能自己进食

- 自己会穿外套、短裤、袜子或鞋子等
- 能搭5~6块积木，能排成一列“火车”，并在车头叠高搭出“烟囱”
- 能模仿画圆圈
- 能模仿画直线
- 会模仿大人的语言或动作
- 白天有大小便需求时，会主动寻求大人的帮助
- 能说出身体的7个部位
- 至少能正确说出1个日常用品或常见动物的名字

扔水球

游戏类型

肢体活动（运动游戏）

发展指向

将球用力往远处扔。

游戏准备

彩色气球若干

玩法建议

1. 家长预先在气球中装水，制成水球，带宝宝到户外，鼓励宝宝挑选一个自己喜欢的颜色的水球，模仿家长用力将水球扔出去。

2. 家长也可以和宝宝一起玩扔水球比赛：与宝宝并排站好一起数数，当数到 3 时将水球扔出去，比比谁扔得远。

温馨提示

1. 在气球里添加的水不宜太多，大小以宝宝可以一手抓握为宜，可以选择有一定高度的地方开展游戏，如公园的小山坡或楼房前的台阶，发展宝宝身体动作的灵活性。

2. 游戏重复多次后，家长可以提出一些指令要求，如“挑选一个红色水球”，或者是“两只手拿各一个水球，一起把水球扔出去”，增加游戏的难度，让宝宝挑战一下哦。

小袋鼠跳跳跳

游戏类型

肢体活动（运动游戏）

发展指向

双脚离地跳；身体平衡练习；脚底触觉体验。

游戏准备

泡泡纸若干 

大抱枕 1 个 

棉被 1 床 

废旧纸板若干 

玩法建议

1. 家长用泡泡纸、大抱枕、棉被、废旧纸板等铺设出不同的地面，让宝宝在上面模仿小袋鼠跳跳跳，感受不同的触感。

2. 家长带领宝宝有节奏地念儿歌，一边念儿歌，一边学小袋鼠跳。

游戏儿歌

袋鼠跳

小袋鼠，跳跳跳，东瞧瞧，西瞧瞧。

一二一二做早操，天天锻炼身体好。

温馨提示

1. 如果天气暖和，家长还可以带宝宝到户外去，让宝宝光脚在干净的草地上跳一跳，让宝宝有更丰富的触觉体验。

2. 家长可以和宝宝一起邀约同伴，鼓励宝宝和同伴一起模仿小动物跳一跳、玩一玩。和小伙伴一起玩会更有趣哦！

安全提示

宝宝在棉被、抱枕上跳跃的时候，要小心避免宝宝弹跳出去而受伤哦。

小小火烈鸟

游戏类型

肢体活动（运动游戏）

发展指向

练习单脚站立，发展身体平衡性。

玩法建议

1. 家长和宝宝面对面站好，家长扶着宝宝双手，鼓励宝宝模仿火烈鸟单脚站立，坚持一会儿后换另一边。

“一只脚站着，宝宝变成火烈鸟啦。”

2. 家长俯卧在地板上做“小桥”，让宝宝模仿小火烈鸟，跨过“小桥”去寻找食物。

“跨过小桥的时候，宝宝要保持平衡，慢慢走哦！”

温馨提示

1. 这个月龄段的宝宝已经可以单脚站立几秒了，家长可以多和宝宝玩模仿火烈鸟的游戏，促进宝宝身体平衡能力的发展。

2. 家长和宝宝玩游戏时，可以从扶着宝宝双手慢慢过渡到单手，逐渐增加难度。

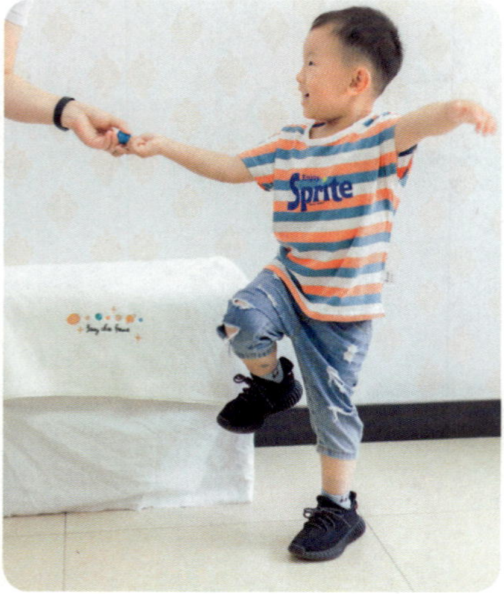

3. 家中常见的物品也可以变成小桥哦，比如将书本按照一定高度摆放，或是将地毯卷成筒状，就能变成硬硬的小桥和软软的小桥啦，和宝宝一起玩起来吧！

安全提示

玩过小桥游戏时，需要有一名家长在旁边看护哦。

小球踢踢踢

游戏类型

肢体活动（运动游戏）

发展指向

练习踢球和跑的动作。

游戏准备

皮球 1 个

玩法建议

1. 家长与宝宝面对面站好，中间相距 1 米远，相互对踢皮球。

“宝宝准备接球喽！”

2. 家长带宝宝到户外，和宝宝一起玩“追追皮球”的游戏。鼓励宝宝用力踢皮球，随后追着皮球跑，追上皮球后，引导宝宝再次用力踢皮球。

温馨提示

家长可以先给宝宝提供重量较轻、材质较软的皮球，方便宝宝踢动。等宝宝能够熟练完成踢球动作之后，可以给宝宝提供有一定硬度和重量的皮球，以增强宝宝的腿部力量。

好玩的吸管

游戏类型

肢体活动（操作游戏）

发展指向

练习穿珠的动作，发展手眼协调能力。

游戏准备

剪成小段的吸管若干 

长短不一的粗鞋带若干 

玩法建议

1. 家长给宝宝提供 1 根粗鞋带，引导宝宝选择不同颜色的小吸管段，一个一个穿进去，变成一根“小猴的长尾巴”。

2. 家长鼓励宝宝选择自己喜欢的颜色的吸管段，穿成一根长长的“项链”送给妈妈，或者穿成一根短短的“手链”送给自己。

温馨提示

1. 家长可以先选择较粗的奶茶吸管，等到宝宝熟练掌握穿珠子的技能后，再提供比较细的吸管，或者逐渐延长吸管段的长度，增加游戏难度。

2. 家长还可以给宝宝提供树枝，鼓励宝宝将彩色吸管段穿在树枝上变成“美丽的花朵”。

安全提示

由于吸管段较小，家长要注意防止宝宝误食。

绕线团

游戏类型

肢体活动（操作游戏）

发展指向

手部精细动作练习。

游戏准备

毛线、丝带等

硬纸板

玩法建议

家长在干净的硬纸板上画上或贴上宝宝喜欢的小动物形象，剪下来做成小动物卡片。准备毛线、丝带等，让宝宝一手拿着小动物，一手拿着毛线或丝带，在卡片上缠绕，为小动物穿毛衣。

“宝宝，我们来绕毛线，给小动物穿上毛衣吧。”

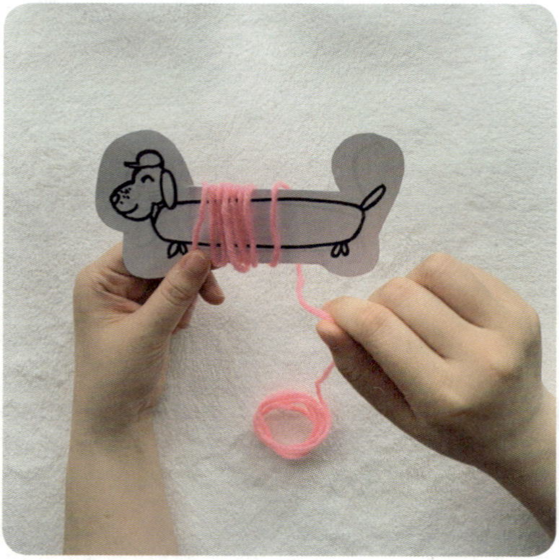

温馨提示

除了毛线、丝带以外，家里常见的长丝巾、绸带等材料都可以让宝宝用来试试缠绕哦，不仅可以让宝宝练习手部的动作，还能丰富宝宝的触觉体验呢！

安全提示

游戏结束以后，家长要把多余的线绳收好哦，避免宝宝将绳子缠绕到自己身上。

刷 牙

游戏类型

语言活动（绘本阅读）

发展指向

学习一页一页翻书阅读；学习刷牙。

游戏准备

绘本《我去刷牙》 

小牙刷 1 把、漱口杯 1 个 

小镜子 1 面 

玩法建议

1. 家长与宝宝共同阅读绘本《我去刷牙》，可以请宝宝帮忙翻开，尝试一页一页翻书阅读。

2. 准备小牙刷和漱口杯，与宝宝一起在盥洗室里刷牙。刷牙过程中，家长也可以借助游戏儿歌，帮助宝宝掌握正确的刷牙方法。

游戏儿歌

刷 牙

小牙刷，手中拿，宝宝自己来刷牙。

刷完牙齿漱漱口，宝宝牙齿白花花。

温馨提示

1. 宝宝 2 岁之后，家长可以逐步引导宝宝学习刷牙，养成早晚刷牙的好习惯。

2. 家长可以借用图书中宝宝最喜欢的一个动物角色作为宝宝的模仿对象，激发宝宝学习刷牙的愿望。也可以给宝宝提供一面小镜子，鼓励宝宝对着镜子练习刷牙。

我说你点

游戏类型

语言活动（听说游戏）

发展指向

指出身体的 5~7 个部位。

玩法建议

1. 家长和宝宝面对面坐下，玩“我说你点”的游戏。引导宝宝根据家长的语言指令，指出自己的五官。

家长：“眼睛眼睛在哪里？”

宝宝：“眼睛眼睛在这里。”

2. 播放歌曲《头发、肩膀、膝盖、脚》，和宝宝一起边听音乐边指出身体的其他部位。

温馨提示

1. 当宝宝能够熟练地开展此游戏后，家长可以适当地加快游戏节奏，增强宝宝的专注力，提高反应的敏捷性。

2. 反复游戏多次后，家长还可以结合宝宝的认知能力，创造改编游戏玩法，如引导宝宝指点家中的物品，或是宝宝的玩具等。

请你照我这样做

游戏类型

创造性活动（假扮游戏）

发展指向

模仿他人的行为方式。

玩法建议

1. 家长与宝宝面对面坐下，一边拍手一边说“请你照我擦擦脸”，在说到“擦擦脸”时做擦脸的动作。

2. 宝宝模仿家长做擦脸的动作，配合宝宝的动作，家长可以示范说“我就照你擦擦脸”。家长可以用同样的方法带领宝宝做刷刷牙、梳梳头等生活中的动作。

游戏儿歌

请你照我这样做

请你照我擦擦脸，我就照你擦擦脸。
请你照我刷刷牙，我就照你刷刷牙。
请你照我梳梳头，我就照你梳梳头。

温馨提示

1. 游戏动作可以从简单的生活活动，拓展到大肢体动作，如跺跺脚、踢踢腿；也可以是宝宝喜欢的游戏活动，如抱娃娃、搭积木等，丰富游戏的趣味性。

2. 待宝宝熟悉游戏玩法之后，家长可以采用对话的方式与宝宝开展活动。如家长说“请你照我擦擦脸”，鼓励宝宝回答“我就照你擦擦脸”，以发展宝宝的语言表达能力。也可以互换角色进行游戏，宝宝做动作，家长模仿。

小小发型师

游戏类型

创造性活动（美工游戏）

发展指向

模仿画直线和圆。

游戏准备

自制画有爸爸妈妈头像的操作纸

蜡笔

玩法建议

1. 家长和宝宝一起认一认操作纸上的爸爸妈妈头像。

“宝宝，看看这是谁呀？”

2. 家长给宝宝蜡笔，引导宝宝用蜡笔涂画直线和圆圈，分别为爸爸妈妈画上不同的发型。

“小蜡笔画圆圈，发型师给妈妈做卷发啦！”

温馨提示

1. 家长可以和宝宝一起说说，小小发型师准备给爸爸妈妈做什么样式的发型，准备做什么颜色的头发。

2. 即使宝宝没有很快学会画直线和圆圈也没关系，和爸爸妈妈一起涂涂画画，也能让宝宝感受到绘画的乐趣哦。

31~36 月龄

31~36 月龄的宝宝开始进入人生的第一个“叛逆期”，有一些行为会让家长感到烦恼，需要家长耐心地去纠正，这对于今后的入园准备来说非常重要。在这个月龄段的家庭游戏中，家长可以利用生活场景，引导宝宝关注身边的事物，促进宝宝的认知和语言的发展。鼓励宝宝自己做事情，发展宝宝的自理能力，锻炼肢体动作的灵活性。

行为发育对照表

- 可以区分颜色（如红色、黄色、绿色），认识一些简单的图形（如正方形、三角形）
- 知道自己的性别
- 可以说出自己的名字和年龄
- 会跑、会跳、会踢球
- 能熟练地爬

- 脚步交替上、下楼梯
- 能顺利弯下腰而不倒下
- 不扶任何东西，可以单脚站立约 1 秒
- 知道穿衣服、睡觉、如厕和洗手，会自己穿鞋
- 能叠 9~10 块积木
- 能用铅笔或蜡笔画竖线、横线、交叉线和圆圈
- 能拉开拉链、剥开糖纸
- 能拧紧或拧开广口瓶盖、螺帽等
- 愿意参与“过家家”的游戏，学会等待，可以和同伴轮流做事
- 能理解简单的指令
- 理解和学会代词，会用你（的）、我（的）、他或她（的）
- 能分清里、外、上、下，如能听懂并执行“把书放在桌子上”“把鞋放在椅子下”等指令
- 可以用 2~4 个字的句子说出方位
- 能基本听懂并复述 50 个字的短小故事
- 会说 4~5 个词的复杂句，会讲小故事

我是小青蛙

游戏类型

肢体活动（运动游戏）

发展指向

练习双脚同时跳起，尝试连续跳跃 2~3 次。

游戏准备

毛绒玩具 1~2 个 ……………………………

短绳 2~3 条 ……………………………………

玩法建议

1. 选择 1~2 个宝宝喜欢的毛绒玩具，家长将玩具提起来放在宝宝跳跃能够到的高度，鼓励宝宝双脚跳起拍打玩具。

2. 家长在地上间隔一定距离摆放几根短绳，鼓励宝宝玩“小青蛙跳小河”的游戏，引导宝宝双脚连续向前跳跃。

温馨提示

1. 如果家里有呼啦圈，可以准备 2~3 个呼啦圈相互连接摆放好，鼓励宝宝在呼啦圈之间来回跳跃，玩“青蛙跳荷叶”的游戏。

2. 家长还可以准备几本大字典，或者将杂志或报纸捆紧放在地板上，鼓励宝宝自由地玩“踩上去，跳下来”的游戏。

猫捉老鼠

游戏类型

肢体活动（运动游戏）

发展指向

追逐跑的动作练习。

游戏准备

塑料饮料瓶（内置若干木珠等小玩具）

玩法建议

在饮料瓶里放入若干小颗粒玩具，盖紧瓶盖。盖子下方系上细绳，做成瓶老鼠。家长和宝宝一起玩“猫捉老鼠”的游戏，先由家长扮“老鼠”，拉着瓶老鼠跑，宝宝扮“小猫”在后面追。抓到“老鼠”后，家长和宝宝互换角色继续游戏。

温馨提示

1. 家长要把握好游戏的难易度，家长扮“老鼠”时跑得慢一些，让宝宝容易捉到，逐渐加快速度，增加难度。当发现宝宝运动量过大时，家长及时将“老鼠”捉到或让“老鼠”被捉，让宝宝休息。

2. 这个游戏也可以和小伙伴一起玩哦，家长带着瓶老鼠到户外宽敞的场地上，让宝宝和小伙伴分别扮演“老鼠”和“小猫”，一同追逐游戏，不仅发展宝宝跑的动作，还能让宝宝感受和同伴游戏的快乐。

盖一盖

游戏类型

肢体活动（操作游戏）

发展指向

旋拧动作练习；配对练习。

游戏准备

不同种类的瓶子若干 ……………………

玩法建议

1. 家长准备一个干净的瓶子，和宝宝一起玩“盖盖子”的游戏，让宝宝尝试盖上盖子或旋拧打开瓶子。

2. 宝宝学会旋拧的动作后，家长可以准备几个不同种类的瓶子，把瓶盖拿下来，请宝宝找一找，配对并旋拧上盖子。

温馨提示

旋拧的动作能促进宝宝手腕的灵活度，家长可以先帮助宝宝拿着瓶子，让宝宝尝试旋拧打开或拧紧瓶盖。当宝宝熟悉旋拧动作后，让宝宝尝试一手拿瓶子，一手拿瓶盖完成旋拧，促进宝宝双手配合的发展。

打开看看是什么

游戏类型

肢体活动（操作游戏）

发展指向

练习剥开纸包，锻炼双手的灵活度。

游戏准备

纸张

小玩具

玩法建议

1. 家长把宝宝喜欢的小玩具放在桌上，用一张纸盖住玩具并粘贴到桌面上，让宝宝撕拉、剥开纸包看看是什么。

“宝宝，这里面会有什么呢？打开看看吧！”

2. 家长还可以用海报纸把小玩具包裹住，让宝宝撕拉、剥开海报纸，找出里面藏着的玩具。

温馨提示

家长可以根据宝宝的动作能力调整游戏难度，让宝宝体验成功。宝宝打开以后，还可以请宝宝说说纸包里面藏的玩具是什么。

小司机

游戏类型

语言活动（听说游戏）

发展指向

能听懂简单的指令。

游戏准备

玩具方向盘 1 个

红色、绿色圆片 1 套

玩法建议

1. 将红色、绿色圆片贴在卡纸上，做成红绿灯。家长拿出方向盘和自制的红绿灯，和宝宝一起讨论红绿灯上的红灯和绿灯分别代表的指令是什么。

2. 家长与宝宝一起玩“开汽车”的游戏，家长做警察，宝宝拿着方向盘做小司机。家长念儿歌，引导宝宝根据儿歌指令做出相应动作。

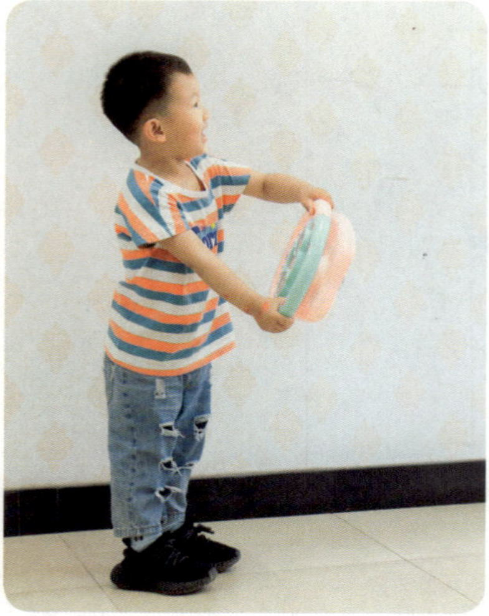

游戏儿歌

小司机

我是小司机，开车上班去。

红灯亮，停一停。

绿灯亮，向前进。

车辆转弯，要小心。

倒车倒车，请注意。

温馨提示

1. 家长和宝宝可以采用轮流说的方式进行对话，游戏指令也可以随着游戏内容和宝宝生活经验的丰富而拓展。

2. 家长还可以给宝宝发出图文指令，适当地提供几个简单的交通符号，如转弯、禁止鸣喇叭、停车场等，丰富宝宝的生活经验。

我是男孩（女孩）

游戏类型

语言活动（绘本阅读）

发展指向

知道自己的性别。

游戏准备

绘本《我是男孩》或《我是女孩》……

玩法建议

1. 家长和宝宝一起看绘本，鼓励宝宝模仿大声说出绘本的名称，引导宝宝逐页翻看图书，边看边说故事内容。

“宝宝看，他也是男孩（女孩）。”

2. 看完图画书后，家长可以提问，鼓励宝宝回答。

“长大后，你想做什么？”

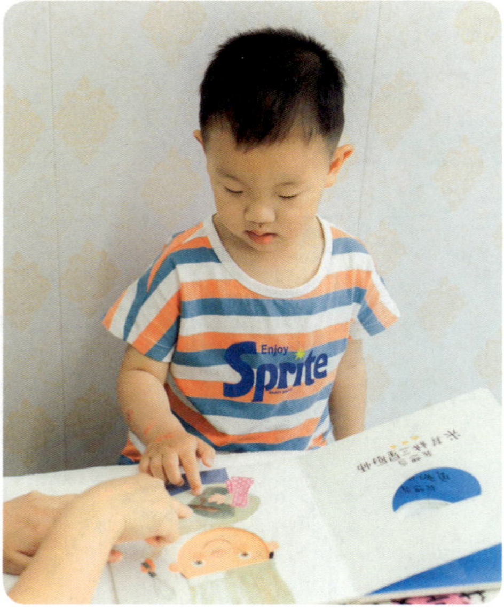

温馨提示

1. 后续家长可以给宝宝同时提供《我是男孩》和《我是女孩》两本绘本，借助绘本的阅读来帮助宝宝了解男孩与女孩的不同之处。

2. 在外出做客或是认识新朋友时，鼓励宝宝大胆介绍自己的姓名和性别，加深宝宝对性别的认知。

双层巴士

游戏类型

探索活动（认知游戏）

发展指向

空间方位认知。

游戏准备

自制双层巴士操作图卡 1 张

玩法建议

家长和宝宝一起看双层巴士图卡，说说双层巴士上坐着哪些小动物。家长将剪下的动物卡片给宝宝，请宝宝帮忙将小动物送到巴士上的指定位置。

“小猪想坐在小羊后面，宝宝来帮忙放一放吧！”

温馨提示

这个月龄段宝宝的认知能力提高很快，家长可以创造各种机会让宝宝多发现、多提问。如果宝宝已经能很好地认识方位，家长可以和宝宝一起采取轮流对话的方式，认认家里常见的物品放置的位置，如："杯子在哪里？""在桌子上面。"

彩色糖果罐

游戏类型

创造性活动（美工游戏）

发展指向

区分颜色；学习团纸粘贴。

游戏准备

不同颜色的糖果包装纸若干 ……………

自制糖果罐操作图卡 1 张

双面胶 1 卷 ……………………………

玩法建议

1. 家长拿出准备的糖果包装纸，让宝宝看一看，说说它们是什么颜色的。

2. 家长在糖果罐操作图卡上贴好双面胶，让宝宝将糖果包装纸揉捏成团，粘贴到糖果罐操作图卡上。

“宝宝，我们把甜甜的糖果放到罐子里面去吧。”

温馨提示

1. 游戏时，家长既要让宝宝学会自己玩乐，又要在宝宝需要的时候给予回应和互动。比如家长可以和宝宝玩假装吃糖果的游戏，让宝宝根据家长的指令抓取糖纸，如“我想吃一颗红色的糖果，啊呜啊呜”，增加游戏的趣味性。

2. 宝宝的每一个作品都很独特，当宝宝完成作品后，家长可以将作品装裱展示出来。宝宝能感受到家长对自己作品的重视，增加对美工创作的兴趣。

图形好朋友

游戏类型

探索活动（形状游戏）

发展指向

指认圆形、正方形和三角形。

游戏准备

自制不同颜色的圆形、正方形和三角形卡片 1 套

自制圆形、正方形和三角形的即时贴若干枚

玩法建议

1. 家长拿出图形卡片和宝宝一起看看说说，家长说图形的名称，引导宝宝指认，并鼓励宝宝说出图形对应的颜色。

2. 家长引导宝宝在自己身体上找出圆形的朋友。给宝宝提供剪成小圆片的即时贴，鼓励宝宝在家里找找圆形的朋友，贴上圆形即时贴。

温馨提示

1. 玩“寻找形状朋友”的游戏时，可以先从宝宝最熟悉的一种图形开始，由简单到难，逐步过渡到寻找两种图形的朋友，最后到三种图形一起找。家长要给宝宝留出足够多的寻找时间，不急于将答案告诉宝宝。

2. 这个游戏也很适合在户外开展，家长可以带宝宝到小区的游乐场、公园里、马路边找找这些图形朋友。

我会穿衣服

游戏类型

语言活动（儿歌游戏）

发展指向

学穿衣服；学念儿歌。

游戏准备

大人、宝宝套衫各 1 件 ……………………

玩法建议

1. 家长和宝宝面对面坐好，一起认认套衫的洞洞，带领宝宝念儿歌。

2. 家长放慢速度念儿歌，慢动作示范穿套衫的过程，请宝宝试试自己来穿套衫。

“宝宝，试试看自己来穿衣服吧。”

游戏儿歌

穿衣服

一件衣服四个洞，
宝宝钻进大洞洞，
脑袋钻出中洞洞，
小手伸出小洞洞。

温馨提示

1. 如果宝宝还不是很熟悉穿衣服的过程，家长可以问宝宝“脑袋要钻出哪个洞洞”，同时协助宝宝找到对应的洞洞。

2. 宝宝平时穿衣服时，家长可以念儿歌帮助宝宝记忆，刚开始时家长可能需要适当地协助，随后慢慢放手让宝宝自己来，直到宝宝学会独立穿衣服。

图书在版编目（CIP）数据

0~3 岁婴幼儿亲子游戏指导 / 王红，刘金华主编
. -- 上海 : 中国中福会出版社，2022.2
ISBN 978-7-5072-3176-2

Ⅰ. ①0… Ⅱ. ①王… ②刘… Ⅲ. ①游戏课—学前教育—教学参考资料 Ⅳ. ①G613.7

中国版本图书馆 CIP 数据核字 (2021) 第 034431 号

0~3 岁婴幼儿亲子游戏指导
刘金华　王　红　主编

出 版 人　余　岚
责任编辑　梁　莹

出版发行　中国中福会出版社
社　　址　上海市常熟路 157 号
邮政编码　200031
电　　话　021-64373790
传　　真　021-64373790

经　　销　全国新华书店
印　　制　上海光扬印务有限公司
开　　本　890mm × 1240mm　1/32
印　　张　4.5
字　　数　113 千
版　　次　2022 年 2 月第 1 版
印　　次　2022 年 2 月第 1 次印刷
书　　号　ISBN 978-7-5072-3176-2/G · 1134
定　　价　28.00 元